AF313696

CATALOGUE

DE LA

BIBLIOTHÈQUE

ET DE

PLUSIEURS TABLEAUX DE MAITRE,

DONT LA VENTE AURA LIEU,

Après le décès de **M. ROBERT**, en son domicile, rue du Grand-Maulévrier, n° 25,

Les 23, 24 et 25 avril 1838, à 11 heures du matin,

Par le ministère de MM. les Commissaires-Priseurs.

ROUEN,

F. BAUDRY, IMPRIMEUR DU ROI,

RUE DES CARMES, N°. 20.

—

1838.

ORDRE DE LA VENTE.

Le 23 avril, du n° 1er au n° 93.
Le 24, 94 à 153.
Le 25, la fin de la Bibliothèque et les Tableaux.

Le lendemain, et jours suivants si besoin est, il sera procédé à la vente du Mobilier meublant, Pendules, Linges et Hardes, etc.

On peut voir les Tableaux, tous les jours, de midi à trois heures.

On pourra voir les Livres, le Samedi 21 avril.

CATALOGUE

DE LA

BIBLIOTHÈQUE

ET DE

PLUSIEURS TABLEAUX DE MAITRE,

DE M. ROBERT.

---

1. La Mort et l'Amour, par d'Arlincourt. — Smarra. — Nadir, par Ch. Nodier. — L'Egoïste, par Pigault-Lebrun. — Les Hérétiques, de Monségur, Ledentu, 1827. — Gaston de Blondeville, par Anne Radcliffe ; 1826. — Jacques Clément, par Sauvage. — Amour et Opinion ; 1827. — Robert et Léontine, par le baron Ladoucette : 21 v. in-12.

2. Romans de Picard : Jacques Fauvel. — Les Gens comme il faut. — Le Gil-Blas de la révolution. — Le Niais. — Les Sept mariages d'Eloi Galland. — L'Exalté : 21 v. in-12. — La Province à Paris, par Langon. — Les Cuisinières, par Raban. — Mémoires d'un Caporal de grenadiers : 8 v. in-12.

3. Corinne. — Marianne. — Manon Lescaut. — Estelle. — Fanny Bulter. — Mémoires de Grammont. — Les Quatre fils d'Aymon. — Histoire de Gérard de Nevers. — Dauthereau ; 1827 : 20 vol. in-32.

4. Les Femmes, par De Ségur ; 1820. — La Femme ou les six amours, par Elisa Voïart. — Cécile ou les Passions, par Jouy : 15 vol. in-12.

5. Tom Jones, de Fielding. — L'Ile inconnue, par Gastines. —Jacques le Fataliste, par Diderot.—Le Compère Mathieu: 13 vol. in-18, rel. et cart.

6. Contes de Musœus, avec notice de Paul de Kocke, 1826. —Les Nuits d'Young, avec l'élégie de Gray, 1829 : 6 vol. in-18. — Roland-le-Furieux, 1824: 4 vol. in-32.

7. OEuvres de Scarron, Paris, Bastien ; 1786: 7 vol. in-8, cart.

8. Notre-Dame de Paris, par V. Hugo, 1832. — Barnave; 1831. — L'Ane mort, par J. Janin, 1829. — Edouard, par l'auteur d'Ourika, 1825: 12 vol. in-12.

9. OEuvres complètes de Mme Cottin, avec gravures, Foucault, 1817: 5 vol. in-8, cart.

10. Physiologie du mariage, par Balzac. — Fragoletta, par Latouche. — Un Cœur de jeune fille, par Michel Masson. — La Religieuse, par Diderot. — Les Souffrances du jeune Werther, Didot, 1809 : 7 vol. in-8.

11. Scènes de la vie maritime, par Jal, 1832 ; 3 vol. in-8. — Le Négrier, par Ed. Corbière : 2 vol. in-8.

12. OEuvres de Pigault-Lebrun, Barba ; 1824: 20 vol. in-8. Le Citateur, par le même : 2 vol. in-12.

13. Voyages en Espagne, — en Suisse, — en Grèce, par Lantier, Arth. Bertrand, 1817 : 8 vol. in-8, cart., grav.

14. Lettres à Sophie sur la Physique, par A. Martin, 1810 : 2 vol. in-8, cart. — Lettres à Emilie, sur la Mythologie, par Demoustier, Renouard, 1801 : 3 vol. in-8, rel., grav.

15. Le Génie du christianisme, par Châteaubriand, Lenormand, 1825 : 5 vol. in-8, cart.

16. Théâtre d'Aristophane, trad. d'Artaud. — OEuvres de Marot, Régnier et Colardeau : 11 vol. in-18 et in-32.

17. Romans de Walter-Scott, trad. de Faucompret, Paris, Furne ; 1830 : 29 vol. in-8, et 11 livraisons, formant 33 grav.

18. Chatterton, de De Vigny.—La reine d'Espagne, de Latouche. — Hernani et Lucrèce Borgia, de Victor Hugo. — Bertrand et Raton, et le Mariage d'argent, de Scribe. — Les trois Quartiers, de Picard. — La Mère rivale et le Presbytère, de C. Bonjour. — La première Affaire, de Merville. — Léonidas, de Pichat. — Virginie, de A. Gui-

raud. — Blanche d'Aquitaine , de H. Bis : 14 brochures , in-8.

19. 64 Pièces de théâtre, en 10 vol. Principales : les Comédiens. — La famille Glinet. — La Belle-Mère et le Gendre. — Le jeune Mari. — L'Homme à bonnes fortunes. — L'Homme habile. — Les deux Gendres. — Valérie. — Les deux Ménages.— Les quatre Ages. — Luxe et Indigence.— Les deux Anglais. — Falkland. — Les Jésuites, par Gosse. — Sylla. — L'Artiste. — Le Bénéficiaire, etc.

20. Cours de littérature , de Geoffroy : 5 vol. in-8, cart.

21. Mémoires sur l'art dramatique, 14 vol. in-8. — Ponthieu , 1825 : contenant ceux de Molière, Clairon, Dumesnil, Molé, Dazincourt, Le Kain, Garrick, Goldoni, Brandes, etc.

22. 24 Pièces de théâtre , en brochures. Principales : Avant, Pendant et Après.— La Demoiselle à marier. — Les Malheurs d'un amant heureux. — Rabelais. — Une Monomanie. — Le comte Ory. — La Famille improvisée , etc. OEuvres diverses de Piis : 4 vol. in-8.

23. OEuvres complètes de J. Racine, avec le commentaire de La Harpe , 1822 : 8 vol. in-12.

24. OEuvres de Molière, avec les notes des divers commentateurs, Lefèvre, 1833 : 1 vol. gr. in-8, à 2 col. ; portrait.

25. Mémoires de Fleury (les 3 premiers vol. seulement). Mémoires sur Talma, avec *fac simile*, par Moreau : 1 vol. in-8. — Mémoires et correspondance de Favart ; Collin , 1808 : 3 vol. in-8, cart.

26. Soirées de Neuilly. Proverbes de Romieu ; scènes populaires de H. Monnier, avec vignettes coloriées : 4 vol. in-8. — Proverbes de Leclerc : 6 vol. in-8 (le 1ᵉʳ vol. manque); une Commission de censure, par Luc. — Mœurs turques , par Palaïeologue , 1827 : 2 vol. in-8.

27. Pièces diverses de Casimir Delavigne : 2 vol. in-8, cart.

Pièces détachées : les Enfants d'Edouard , Marino Faliéro, la princesse Aurélie, et don Juan d'Autriche.

28. Théâtre de Colin d'Harleville. Paris ; Lesueur : 4 vol. in-8, cart.

29. Répertoire général du Théâtre-Français. Paris , Menard , 1813 : 51 vol. in-12 , cart.

30. Suite du répertoire du Théâtre-Français. Paris, madame
v° Dabo : 81 vol. in-18, cart.

31. Annales littéraires, par Dussault : 5 vol. in-8, cart.

32. El ingenioso Hidalgo don Quijote, Baudry, 1825 : 6 vol.
in-32. — Novelle di Cervantès : 1 vol. in-12, rel. — Historia di Samuel : 1 vol. in-18, rel. — Dictionnaire de po-
che, espagnol-italien. — Grammaire espagnole de Sobrino :
1 vol. — Os Lusiadas di Camoès : 2 vol. in-18.

33. Il Principe. — Le storie Fiorentine. — Discorsi, di Ma-
chiavel. — Novelle scelte di Boccacio. — Scelta di prose.
Bossange, 1825 : 10 vol. in-32.

34. Dictionnaire italien et français de Cormon, 1823 : 2 vol.
in-8., rel. — Grammaire de Peretti, le maître d'italien : 2
vol. in-8.—Il Pastor fido di Guarini.—La divina Comedia,
di Dante. — Lucrezio, trad. de Marchetti. — Gli Epitaphi
giocosi : 7 vol. in-18.

35. Le notte Romani, di Verri. I. Promessi sposi di Man-
zoni. — Ultime lettere di Jacopo Ortis da Ug. Foscolo. —
Gli animali parlanti di Casti. — Scelta di Commedie di Goldoni. — Mondi celesti, terrestri ed infernali, degli acade-
mici Pellegrini, di Doni, Venegia, 1562. — Grammaire
de Vergani : 12 vol. in-12. — Les Animaux parlants, traduct. de Mare-chal, 1819 : 2 vol. in-8.

36. Morale de Bacon. — Pensées de Ségur. — Le Discours de
Bossuet. — Le Coran, par Savary. — De l'Amour,
par Senancourt. — Lettres de Mirabeau à Sophie. — Le
Citateur dramatique, et autres : 21 vol. in-18 et in-32.

37. Aperçu des Connaissances humaines au IXe siècle, par
Farcy. — Abrégé de l'origine des cultes, par Dupuis.—Les
Ruines, de Volney. — Considérations sur les mœurs, de
Duclos. — Résumé des Traditions religieuses. — Psaumes
de David, trad. de Gossaume. — Dictionnaire géographique, portatif, de Malte-Brun : 8 vol. in-18. — Art du Me-
nuisier et de l'Ebéniste. Paris, Audot, 1828 : 6 vol. in-32
et 7 cahiers de planches.

38. Tables de Martin, 1827 : 1 vol. in-8. — Dictionnaire
des Livres rares et Curieux, Caillau, 1791 : 3 vol. in-8, rel.
— Essai d'analyse sur les Jeux de hasard, par Remond de
Montmort. Paris, 1713 : 1 vol. in-4., rel.

39. Grammaire des grammaires, par Giraud du Vivier, 1827 :
2 vol. in-8., cart. — Histoire générale des Proverbes, par

Méry ; 1828 : 3 vol. in-8. — Grammaire allemande de Hermann, 1826 : 1 vol. in-8. — Du Classique et du Romantique : 1 vol. in-8.

40. Six mois en Russie, par Ancelot. — Voyage en Pologne, en 1813. — Exploration en Normandie, par le v^cte Walsh. — Alger, par Renaudot, 1830. — Mémoires biographiques sur les hommes remarquables de la Seine-Inférieure, par Guilbert. — Essai sur le département de la Seine-Inférieure, par Noël. — Traité de l'art de faire des armes, par Laboissière, Didot, 1818 : 8 vol. in-8, dont 4 cart.

41. Méthode Jacotot : langue maternelle et étrangère, mathématique, musique. — Traité complet de la méthode, par Durietz. — Rapport à M. Vatimesnil et lettres du duc de Lévis sur la Méthode : 1er livre de Télémaque, pour l'anglais et l'italien : 4 vol. in-8. et 5 broch.—De l'Education, par madame Campan, 1824 : 2 vol. in-8. — De l'Education des femmes, par la signora Cecilia Delima Folliero. Paris, 1827 : 1 vol. in-8.

42. OEuvres de Brantôme, 1814 : 8 vol. in-8.

43. Journal de l'Estoile, 1826 : 5 vol. in-8.

44. Mémoires de Sully, avec portrait, et *fac simile* de Sully et d'Henry IV ; A. Coste, 1814 : 6 vol. in-8, rel.

45. Mémoires du Cardinal de Retz, portrait et *fac simile ;* E. Ledoux : 6 vol. in-8.

46. Mémoires du prince de Ligne, portrait et *fac similé,* 1829 : 5 vol. in-8.

47. Abrégé chronologique de l'Histoire de France, par Henault, 1821 : 3 vol. in-8. — Abrégé chronologique, de Clovis à Louis XIV, 1752 : 1 vol. in-18. — Traité de la majorité des Rois de France, 1722 ; 2 vol. in-8, rel.

48. Histoire de France, par Pigault-Lebrun, 1828 : 8 v. in-8.

49. Amours et Galanteries des Rois de France, par Saint-Edme, 1830 : 2 vol. in-8. — Histoire de l'Homme au masque de fer, avec *fac simile.* — Essai sur l'Histoire de Charles VII, avec portrait et *fac simile,* par Delort : 2 vol. in-8. — Histoire de don Juan d'Autriche, par A. Dumesnil : 1 vol. in-8.

50. Histoire de France, par Anquetil, 1805 : 14 v. in-18, rel.

51. Histoire de la Fronde, par St.-Aulaire, 1827 : 3 v. in-8.

52. Histoire des Guerres de Religion, par Lacretelle, 1814 : 4 vol. in-8, cart.

53. Histoire des Inquisitions religieuses, par J. Lavallée. Paris, Renard, 1809 : 2 vol. in-8, cart.

54. Mémoires du marquis de Bauveau, 1690. — Anecdotes vénitiennes du comte de Bonneval, 1740. — Lettres du cardinal d'Ossat, 1708. — Histoire de Duguesclin, 1807. — Mémoires du duc de Guise, 1668 : 12 vol. in-18, rel. — Mémoires et Anecdotes secrètes sur la constitution unigenitus, 1733 : 2 vol., rel. — OEuvres du philosophe Sans-Souci : 2 vol. in-8, rel.

55. Histoire de France, pendant le xviiie siècle. Lacretelle, 1826 : 14 vol. in-8, cart. — Histoire de la Restauration, par le même, 1830 ; 3 vol. in-8.

56. Mémoires et Anecdotes du comte de Ségur, 1826 : 3 vol. in-8. — Galerie morale, politique, du même, 1825 : 3 vol. in-8.

57. Lettres sur l'Histoire de France, par Thierry. — Napoléon devant ses contemporains. — Biographie des Quarante. — Les Cabinets et les Peuples, par Bignon. — Opinions de Napoléon au conseil d'état. — Révolution de 1830, par Bérard. — Mœurs politiques au xixe siècle, par A. Dumesnil. — Siége de Missolonghi, par Fabre : 12 vol. in-8.

58. Histoire de France de l'abbé Montgaillard, 1827 : 9 vol. in-8°.— Réfutation de Deleuze, 1828 : in-8°.

59 Histoire de Napoléon, par Norvins, 16 livraisons avec les cartes, planches et 32 portraits. 1ere Edition.

60. Précis de l'histoire universelle d'Anquetil, 1805 : 12 vol. in-18, rel.

61. Mémoires de Joséphine, 8 gravures, portrait, *fac-simile*, 1827 : 3 vol. in-8°.— Mémoires de M. De Beausset, préfet du palais impérial, 1829 : 4 vol. in-8°.

62. Histoire de la guerre de la Péninsule, par Foy, avec Atlas, 1827 : 4 vol. in-8°. — Guerre d'Espagne en 1808, par Denaylies, 1817 : 1 vol. in-8°, cart. — Défense de Sarragosse en 1808 et 1809 : 1 vol. in-8°.

63. Mémorial de Sainte-Hélène, 1831 : 21 vol. in-24.

64. Histoire militaire des Français : Guerres d'Italie, — d'Egypte, — de la Vendée, — de la Russie, — Campagne

du Nord, — de l'Allemagne, — de France ; portraits, plans et cartes, Dupont, 1828: 12 vol. in-24.

65. Mémoires d'une Contemporaine, 1828: 8 v. in-8°. — La Contemporaine en miniature, 1828: 1 vol. in-8°.

66. Mémoires de Bachaumont et anecdotes du 18ᵉ siècle. Paris, Collin, 1808: 4 vol. in-8°, cart.

67. Curiosité et indiscrétion, par Fournier Verneuil, 1824. — Contes historiques, par Musset-Pathay, 1826. — Madame de Genlis en miniature, par Sevelinges. — Les Ermites en prison, par Jouy. — Mémoires de madame De Campestre, 1827. — Biographie des commissaires de police: 1 vol. — Mémoire d'un aide-de-camp de Napoléon, 1823 : 3 vol. in-8°.

68. Mémoires de l'abbé Morellet; Ladvocat, 1822. — Mémoires sur la vie et la mort du duc d'Enghein, par Boulard, de l'Hérault, 1823. — Souvenirs de la Révolution et de l'empire, par C. Nodier, 1831. — Mémoires de Van-Halen, avec portrait, divers *fac-simile* et une carte de la Géorgie, Renouard 1827. — Correspondance de don Pédro 1ᵉʳ, empereur du Brésil, avec Jean VI, son père, de Mon-glave, 1827: 8 vol. in-8°. — Discours de C. Nodier lors de sa réception à l'Académie. — Deux brochures relatives au duc d'Enghein.

69. Discours de Foy, 1826, — C. Jourdan, — B. Constant, 1828: 5 vol. in-8°.

70. Traité de la liberté individuelle, par Coffinières, 1828: 2 vol. in-8°. — Tableau de l'intérieur des prisons en France, par Ginouvier, 1824, in-8°. — Pamphlets de Courrier: 1 vol. in-8°. — Histoire de la garde nationale, par Comte: 1 vol. in-8°. — Essai sur les révolutions, par Chateaubriand : 1 vol. in-8°. — De l'Europe et de la Grèce, par De Pradt, 1826: 1 vol. in-8°. — Examen de M. Gour-gaud sur l'histoire de la grande armée en Russie, par Ségur. — Nouvelles lettres provinciales, 1825. — Revue politique de la France en 1826: 3 vol. in-8°. — Le Précurseur, 1826: 1 vol. in-8°.

71. De l'Esprit philosophique, par Portalis. — Mystères de la vie humaine, par Montlosier. — Fragments philosophiques de V. Cousin. — Philosophie de l'histoire, par Vico. — De l'influence des lois sur les mœurs, par Matter. — Tableau

des progrès de l'esprit humain , par Condorcet. — Esquisses
de la souffrance morale , par Alletz : 9 vol. in-8°.

72. Mélanges de littérature, de philosophie et d'histoire, par
De Felletz, 1830 : 6 vol. in-8°.

73. Essai sur les facultés de l'esprit humain , par T. Reid ;
Sautelet, 1829 : 5 vol. in-8°.

74. Dictionnaire infernal, par Collin de Plancy, 1826 : 4 vol.
in-8°. — Contre-poison du dictionnaire infernal, 1819 :
1 vol. in-8°.

75. Manuel de religion et de morale, par O'egger. — Le livre
de Job, trad. par Levavasseur, texte de la Vulgate en regard,
1826. — Paroles d'un Croyant. — Voltaire, apologiste de
la religion chrétienne, 1826. — Explication universelle,
par Azaïs, 1826. — Progrès de la révolution contre l'Eglise,
par l'abbé de Lamennais. — La doctrine de l'abbé de Lamennais, par l'abbé Paganel : 8 vol.in-8°.—Le vrai Messie,
par O'egger, 1829 : 1 vol. in-18.

76. Cours d'histoire moderne, par Guizot. — Cours de philosophie, par Cousin. — Cours de littérature française, par
Villemain , 1828 , avec portraits des professeurs. — Cours
de littérature comparée, par Durand ; Rouen, 1830. —
Le peuple au Sacre, 1829.—Les causeries du Louvre (salon
de 1833). — Esquisses et croquis sur le salon de 1837, par
Jal : 3 vol. in-8°.

77. Physiologie des passions, par Alibert ; Bechet, 1825 : 2 vol.
in-8°. — Physiologie des gens du monde, par Chappon-
nier ; Didot 1829 : in-8°. — Du perfectionnement moral ,
1824 , par V. Gerando : 2 vol. in-8°. — Le Visiteur des
pauvres, par le même ; Renouard 1826 : 1 v. in-8°.

78. Histoire générale des Provinces-Unies, par M. D., ancien
maître des requêtes , et M. S.. de la société royale de
Londres ; Paris, Simon, 1757 : 8vol. in-4° avec gravures.

79. Le Mystère d'Iniquité , ou Histoire de la Papauté, par Philippe de Mornay ; Paumier, 1611 : 1 vol. in-f°, rel. — Histoire de la Guerre des Juifs, par Flav. Joseph, par Arnaud
D'Andilly ; Paris, 1668 : 1 vol. in-f°.

80. Histoire de la Décadence de l'Empire Grec et Etablisse-
ment de celui des Turcs par Chalcondile, avec continuation
par T. Arthus, sr Dambry ; Paris, 1650 : 2 vol. in-f°, avec
gravures.

81. Atlas Historique, ou Nouvelle Introduction à l'Histoire, à la Chronologie et à la Géographie ancienne et moderne par Guedeville ; Amsterdam, 1721 ; ouvrage orné d'un grand nombre de cartes, plans et gravures : 7 vol. in-f°, rel.

82. Atlas de la Navigation et du Commerce ; Amsterdam, 1715 : 1 vol. gr. in-f°.

83. Grand Dictionnaire Géographique, Historique et Critique, par Delamartinière ; Dijon, 1741 : 6 vol. in-f°.

84. Histoires et Recherches des Antiquités de la ville de Paris, par Henry Sauval ; Paris, 1724 : 3 vol. in-f°.

85. Caroli Siconii de Antiquo Jure Civium Romanorum, Italiæ, provinciarum, Romanæ jurisprudentiæ, judiciis tum privatis tum publicis eorumque ratione, libri 11, ejusdem de republicâ Atheniensium eorumque ac Lacedemoniorum temporibus, libri 5 : 1 vol. in-f° ; Parisiis, 1576, rel. en parch.

86. L'Histoire et la Religion des Juifs, depuis J.-C. jusqu'à présent, pour servir de complément à l'Histoire de Joseph, par Basnage ; Rotterdam, 1707 : 6 vol. in-12, rel.

87. Dictionnaire Historique et Critique de Bayle, 4e édit. ; Paris, 1730 : 4 vol. in-f°. — Examen du Pyrrhonisme, par De Crousaz ; La Haye, 1733 : 1 vol. in-f°.

88. Ambrosii Calepini Dictionarium octolingue ; Lugd., 1667 : 2 vol. in-f°.

89. Dictionnaire de la Géographie commerçante, par Peuchet ; Paris, an VII : 5 vol. in-4°. — Vocabulaire des Termes de Commerce, par le même ; Paris, 1801 : 1 vol. in-4°, rel.

90. Le Livre Coustumier du pays de Normendie, suivi de : Jura et Consuetudines quibus regitur ducatus Normanniæ ; — la Charte aux Normans ; — Tractatus arboris consanguineitatis, et de Ordonnances royaux ; Caen, 26 avril 1510, gothique : 1 vol in-4°. (Les cinq premiers feuillets manquent.)

91. Histoire de la Ville de Rouen, par un solitaire ; Rouen, Louis Dusouillet, 1731 : 6 vol. in-12, rel. — Abrégé de l'Histoire Ecclésiastique, Civile et Politique de Rouen ; Rouen, 1759 : 1 vol. in-12.

92. Le grand Dictionnaire Historique de L. Moreri ; Paris, 1732 : 6 vol. in-f°, rel.

93. La Politique d'Aristote, trad. de Loys Leroy, dict Regius Constantin ; Paris, 1568 : 1 vol. petit in-4°, rel. en parch.

94. OEuvres de Parny ; Debray, 1808 : 5 vol. in-12, rel.
— OEuvres de Gilbert, Bertin, Malfilâtre, J.-B. Rousseau : 8 vol. in-24. — Le Siége de Sarragosse, par M....;
les douze Heures de la nuit, par Michaux : 2 vol. in-18.
— Caquet-bon-Bec, in-32.

95. Poésies de madame Tastu, 1826 ; — idem de Ch. Nodier,
1827. — Les Consolations, par Sainte-Beuve, 1830. —
Lucrèce, en vers français, par Pongerville, 1828. — Les
Amours des Anges, de Th. Moore, trad. d'Eug. Aroux,
1830. — Charles VII à Jumiéges, par Guttinguer, 1827.
— Bayard, poème de Dureau de la Malle, 1823. — Sedim,
ou les Nègres, par Viennet. OEuvres diverses du même,
1827 : 12 vol. in-18.

96. OEuvres choisies de Lebrun, avec portrait; Janet et Cotelle,
1829 : 1 vol. gr. in-8. — Poésies de Ségrais, avec portrait.
Caen ; Chalopin, 1823. — OEuvres de Bernard, avec une
gravure d'après Prudhon ; Cotelle, 1823. — Le Printemps
d'un Proscrit, par Michaud, 1827. — Napoléon en Égypte,
par Méry et Barthélemy; Dupont, 1828. — Mélanges poétiques, par Guttinguer. Paris ; Roulland, 1824 : 5 v. in-8.

97. Chansons et Poésies de Désaugiers ; Ladvocat, 1827. —
Chansons de Béranger ; Perrotin, 1833. — Chansons pa-
triotiques, par un Invalide. Rouen ; 1830 : 7 vol. in-18.
— La Clé du Caveau, 1 vol. in-32 oblong. — La Gastro-
nomie, par Berchoux, 1819 : 1 vol. in-18.

98. Méditations poétiques de Lamartine, 1823 : 2 vol. in-8,
cart. — L'Illiade, traduction de A. Bignon; Belin-Mandar,
1830 : 2 vol. in-8. — Souvenirs de la Sicile, par le comte
de Forbin ; imprimerie royale, 1823 : 1 vol. in-8, avec
une gravure. — Les quatre premières livraisons de l'Enéïde,
trad. par Barthélemy.

99. L'Imagination. — Les Bucoliques, trad. de Delille, avec
gravures et texte en regard; Michaud, 1806 : 3 vol. in-18,
rel. — J. Delille, Ruricolæ, par P Dubois; Parisiis; Michaud, 1808. — OEuvres choisies de Debelloy, 1811 : 2 v.
in-18, rel. — OEuvres de Gresset : 2 vol. in-18, rel. —
La Dunciade; Londres, 1781 : 1 vol. in-18, rel. — OEuvres
de Ducis, in-32 : 6 vol.

100. Le Manuscrit de 1905, par Jal, 1827 : 2 vol. in-12. —
Mœurs administratives, par Ymbert, avec 2 gravures et
18 vignettes, 1825 : 2 vol. in-12. — L'Illiade, trad. de

madame Dacier, avec figures et médailles, 1815 : 2 vol. in-12. — Des Comédiens et du Clergé, par le baron de Cuveliers, 1825 : 1 vol. in-12. — Voyages du duc de Richelieu, par D'Asfeld, 1827 : 1 vol. in-12. — Bagatelles morales, par l'abbé Coyer : 1 vol. — Histoire des Perruques, par Thiers, 1690 : 1 vol. — Almanach des 25,000 adresses de Paris, 1 vol. — Etrennes jansénistes pour l'année 1733.

101. Dictionnaire de l'Académie, 5e édit., 1798 : 2 vol. in-4, rel. — Réglement concernant les manœuvres de l'infanterie ; Magimel, 1810 : 2 vol. in-8, avec 40 planc. — Géographie de Lacroix, 1805 : 2 vol. in-12, rel.

102. OEuvres choisies de Vertot ; Janet, 1819 : 5 vol. in-8. — Antiquités romaines, trad. de l'Anglais, par A. L. L. D. d'Edimbourg : 2 vol. in-8. — Loi de Moïse, par Salvador, 1822 : 1 vol. in-8, cart.

103. OEuvres de Pascal ; Lefebvre, 1821 : 2 vol. in-8, cart. — OEuvres de La Bruyère ; Lefèvre, 1822 : 2 vol. in-8, cart.

104. OEuvres de Montesquieu, 1820 : 5 vol. in-8, cart.

105. OEuvres de La Fontaine, avec les notes de Walkenaer, portrait et gravures. Paris ; Lefèvre, 1822 : 6 vol. in-8, cart. en maroquin.

106. OEuvres de Massillon, avec portait ; Lefèvre, 1823 : 2 v. gr. in-8, imprimé sur deux colonnes.

107. OEuvres de J. Delille, avec les notes de Grand-Maison ; De Felletz et Lefèvre, 1823 : 1 vol. gr. in-8 à deux col.

108. OEuvres de Baumarchais ; Collin, 1809 : 7 vol. in-8, rel , avec portrait et gravures au trait.

109. OEuvres de Rabelais ; Janet, 1823 : 3 vol. in-8, cart.

110. Essai de Montaigne ; Lefèvre, 1823 : 5 vol. in-8, cart.

111. OEuvres de Daguesseau ; Lefebvre, 1819 : 6 v. in-8, cart.

112. De la Sagesse, par Charron ; Chasseriau, 1820 : 2 vol. in-8, cart.

113. OEuvres de Boileau, commentaires d'Amar ; Lefèvre, 1821 : 4 vol. in-8, cart.

114. OEuvres de Bernardin de Saint-Pierre ; Méquignon, 1818 : 12 vol. in-8, cart., avec portrait et gravures.

115. OEuvres de J.-J. Rousseau, ornées de vingt gravures. Paris ; Déterville, 1817. — OEuvres inédites du même,

avec un supplément par Musset-Pathay, Paris , Dupont , 1825: 20 volumes in-8, cart. — Recueil de plantes coloriées pour la botanique de Rousseau. Paris ; Poinçot, 1789: 1 vol. in-8, rel.

116. OEuvres de Voltaire ; Lefèvre, 1818: 42 vol. in-8, cart.

117. OEuvres de J.-J. Rousseau ; Ed. Cazin, rel. et doré sur tranche 36 vol. in-18.

118. Histoire des Indes, par Raynal, 1795: 22 v. in-18, rel.

119. OEuvres de Voltaire. Paris ; Didot, 1801 : 50 v. in-18, rel.

120. Cours de Littérature par La Harpe; Crapelet, 1816: 15 v. in-8, cart.

121. Discours de Mirabeau, 1820 : 3 vol. in-8. — Essai sur l'Eloquence de la Chaire, par Maury; Cayet , 1827 : 3 vol. in-8.

122. Mélanges historiques et littéraires, par Villemain; Ladvocat, 1827: 3 v. in-8, cart. — Histoire de Cromwel, par le même; Muradan, 1819: 2 vol. in-8, cart.

123. Traité des Etudes, par Rollin , avec les observations de M. Letronne ; Didot, 1821: 4 vol. in-8. — Opuscules de Rollin: 1 vol. in-18. — Eraste, par l'abbé Filassier , 1806: 2 vol in-8, rel.

124. Histoire générale des voyages, par La Harpe. Paris ; Ledoux ; 1816: 24 vol. in-8, cart. et l'atlas.

125. Dictionnaire des langues anglaise et française, par Boyer , Chambaud, etc. Paris ; Ledentu, 1829 : 2 vol. in-4, rel.

126. Magasin pittoresque ; 1833-34. — Histoire des hommes utiles, 1833-34, avec 48 beaux portraits. — 12 livraisons du Père de famille.

127. Biographie des contemporains, par Arnault. Jouy; Norvins, 1825 : 20 vol. in-8, avec 300 portraits au trait.

128. Dictionnaire historique de Chaudon – Delandine, 1804 , 13 vol. in-8, rel. — Biographie moderne. Leipzig; Bisson. 1806 : 4 vol. in-8, rel.

129. Histoire naturelle de Buffon. Paris ; Desaint, an x, avec grav.: 130 vol. in-8, cart.

130. Le livre des Cent-et-Un : 12 vol. in-8.

131. Supplementorum livianorum ad christinam reginam decas auct. , I Freinshemio. — Holmiæ, Janssonium, 1649:

(13)

1 vol. in-18. — Rab. Herm. Schelii, de Jure imperii liber
posthumus. Amstelod; Elsevirium, 1671 : 1 vol. in-18. —
Joh. Barclaii argenis. Edit. cûm clave, etc. Amstelod ;
Jansson, 1642 : 1 vol. in-32.

132. Q. Horatii Flacci sermonum, seu satyrarum, etc., libri
duo, epistolarum libri totidem. Francorfuti, 1596: 1 vol.
in-4., rel. — M. Accius Plautus ex fide atque auctoritate
complurium librorum, etc., etc. Genevæ ; Chouet, 1622 :
1 vol. in-4.

133. J. Lipsii Philosophia et Physiologia stoica. Lug. Batav.,
1644. — Collegium ethicum inquo tota philosophia mora-
lis, etc., explicatur, auctore D. Ad. Heereboord. Lug. Bat.;
Moyaert, 1649. — Gyges Gallus, petro Firmiano, auctore ;
3 vol. in-18. — M. Val. Martialis epigrammaton. Antuer-
piæ ex Plantini, 1568: in-32. — De M. Val Martiale tes-
timonia: 1 vol. in-32.—M. T. Cicer. de officiis libri tres.
— Rothomago, ex typogr. privil. distincta, 1776.

134. Biblia sacra vulgatæ, ed. sixti 5. — Coloniæ agrippinæ,
Balth. ab Egm., 1743: 1 vol. in-8. — Le Psautier de
David, traduit en français avec notes. Paris ; Josset, 1703.
—Paraphrases des pseaumes de David, par Godeau. Paris ;
Camusat, 1648: 1 vol. in-4.

135. T. à Kempis, opuscula 5.— T. aquinas de rebus publicis,
etc. Lugd. Batav. ; Maire, 1643.— A Prud. Clementis
vc., opera, etc. Amstelod., 1631. — D. Aur. Augustini
confessionum : 4 vol. in-32. — J. Vanieri prædium rusti-
cum, Lutetiæ, 1707 : in-12.

136. Clicero; Lefèvre, 1822 : 18 vol. in-32.

137. Juvenalis. — Ovidius. — Lucretius. — Plinius junior. —
Catullus. — Horatius, Lefèvre, 1822 : 11 vol. — Satyres
de Perse et de Juvenal, trad. de Boileau, publiées par
Parelle; Lefèvre, 1827 : 2 vol. in-18.

138. Virgilius. — Cornelius ; Lefèvre, 1822 : 7 vol. in-32.

139. Tacite, texte en regard, traduct. de Burnouf, avec atlas et
table générale, Paris, Hachette; 1833:6 vol. in-8. — Ca-
tilinaires et Dialogue de Cicéron, par le même, 1826: 1 vol.
in-8.

140. Tite-Live : 11 vol.

Les tomes 3, 4, 5, 6, 11 et 12 manquent.

141. Plaute : 2 vol. — Térence : 3 vol. — Lucrèce : 1er vol —
Horace : 2 vol.

Les deux numéros ci-dessus font partie de la bibliothèque française de
Panckouke.

142. M. T. Ciceronis de republicâ quæ supersunt ex primâ edit.
A maii, Vaticanæ bibl. præfecti ; Renouard ; 1823 : 1 vol.
in-8.—Nouvelles Fables de Phœdre en latin, en français et
en italien, de Petroni, avec les notes latines de l'éd. originale; Didot, 1812 : 1 vol. in-8. — Anacreontis odæ et
fragmenta, græcœ et latinæ.— Gail ; Didot, an 7 : 1 vol. in-
8. — Hercule furieux, d'Euripide, en grec, avec les notes
et la préface latine d'Hermann : 1 vol. in-8, cart.

143. Leçons latines de littérature, par Noël, 1808 : 2 vol. in-8.,
cart. — Morceaux extraits de Pline, par Gueroult ; 1809 :
2 vol. in-8., cart. — Analyse de l'Enéide, par Magnier ;
1828 : 2 vol. in-12.

144. Phædri aug. fabulæ Æsopiæ publ. ; Syri sententiæ ; Dion.
Catonis disticha de moribus, curante, J. Millero Berolini,
1753 : 1 vol. in-18, rel. et doré sur tranche. — Renati
Rapini hortorum libri quatuor ; Barbou, 1780 : 1 vol. in-
18. — P. Dan. Huetii Carmina ; Estienne, 1709 : 1 vol.
in-18. — Q. Horatii Flacci poemata, scholiis sive annota-
tion. instar commentarii illustrata à J. Bond. Amstelod.,
1636 : 1 vol. in-18. — C. Ruæi è Soc. Jesu, carminum libri quatuor ; Barbou, 1754 : 1 vol. in-18.

145. Famiani stradæ romani, è Soc. Jesu, de Bello Belgico decas secunda, ab initio prefæcturæ alex. Farnesii usque ad
ann., 1590, Romæ, 1648 : 1 vol. in-18. — J. Loccenii
rerum suecicarum historia, ab Rege Berone tertio, usque ad
Ericum XIV, etc., accedunt antiquitates Sueo-Gothicæ,
Holmiæ, ex off. Janss. ; 1654 : 1 vol. in-18.

146. Des. Erasmus Roterodam, de matrimonio christiano. Lug.
Batav. ; J. Maire, 1650. — Des. Erasmi Roterodam, de
Sarcienda ecclesiæ concordia. Lug. Batav. ; Maire, 1642 :
2 vol. in-18.

147. Auteurs latins, publiés sur les manuscrits de la Bibliothèque du Roi ; Malpeyre, 1823. — César : 3 vol. — Sal-
luste : 1 vol.—Virgile : 2 vol. — Properce et Gallus : 1 vol.
Catulle et Tibulle : 1 v. — Horace : 2 vol. in-8.

148. Etudes sur Virgile, par Tissot ; Méquignon, 1825 : 4 vol.

in-8.— Etudes grecques sur Virgile, par Eschhoff. Paris ;
Delalain, 1825 : 3 vol. in-8., rel.

149. Physiologie de Richerand ; Crapart, 1807 : 2 vol. in-8,
cart. — Leçons de médecine légale, par Orfila, 1821,
22 planches, dont 7 color. : 3 vol. in-8. — Erreurs populaires en médecine, par Richerand, 1810 : 1 vol. in-8. —
Planches anatomiques, par Chaussier. Pankouke, 1823 :
1 vol. in-4.

150. Physiologie de l'homme aliéné, par Pinel. — Physique et
Moral de l'homme, par Cabanis. — De la Vie et de la
Mort, par Bichat. — Anatomie du cerveau, par Tieldmann.
— Système de la femme, par Roussel. — De la Puissance
vitale, par Virey : 7 vol. in-8.

151. Sur les Fonctions du cerveau, par Gall, 1825 : 6 vol. in-8.
— Le Précis du système.

152. De la Stérilité, par Mondat. — Histoire critique du ma-
gnétisme animal, par Deleuze, 1819. — De l'Education
physique des enfants, par Leroi, 1824. — De l'Influence
de l'estomac sur l'apoplexie, par Richond, 1824 : 5 vol.
in-8. — De l'Homme et de la Femme, considérés physi-
quement dans l'état de mariage, par Delignac, avec fig.
Lille, 1773 : 3 vol. in-12, rel. — Observations sur les
maladies secrètes, par le sieur Thuillier. Paris, 1684 : 1 v.
in-18. — La Callipédie, ou la manière d'avoir de beaux
enfants, poème traduit du latin de Quillet. Amsterdam,
1774 : 1 vol. in-18.

153. Renati Descartes, Tractatus de homine et formatione fœtûs.
Amstelod. ; Elzev., 1677 : in-4. — J. Berovicii de calculo
renum et vesicæ.—Lug. Batav. ; Elzev., 1638 : 1 vol. in-18,
— Enchiridion medicum, auct. J. Primerosio. Amstelod. ;
Jansson, 1650 : 1 vol. in-18. — Observationes et Historiæ
omnes è G. Harvaei libello, *de generatione animalium*, etc.,
Amstelod. ; Wolfang, 1674 : 1 vol in-18. — J. Pecqueti
experimenta nova anatomica, etc. Amstelod. ; Plaats,
1700 : 1 vol. in-18. — J. Primerosii enchiridion medicum
practicum. — Amstelod. ; Jansson, 1654 : 1 vol. in-18.

154. Dictionnaire Etymologique, Analytique et Historique de la
Coutume de Normandie, par Houard, 1782 : 4 vol. in-4,
reliés. — Esprit de la Coutume de Normandie, 1691 : 1 vol.
in-4, relié.

155. Nouvelle Pratique Civile et Criminelle de Lange, 1755 :

2 vol. in-4, rel. — Le Praticien Universel, de Couchot, 1747 : 2 vol. in-4, rel. — Recueil de Jurisprudence Civile, par Lacombe, 1756. — Dictionnaire de Droit, par M...., 1699. — Règles du Droit Civil, par Danty, 1725.—Traité des Matières Criminelles, par Lacombe , 1741 : 1 vol. in-4. — De la Preuve par Témoins, par Danty, 1737. — Méthode en bref de connaître la pratique, 1676 : 1 vol. in-4.

156. OEuvres de Pothier. Paris ; Debure, 1773 : 7 vol. in-4, rel. — OEuvres de Cochin. Paris ; Cellot, 1760 : 6 vol. in-4, rel.

157. Collection de Denisart, 1771 : 4 vol. in-4, rel. — Actes de Notoriété donnés au Châtelet de Paris, par le même, 1769. — Dictionnaire de Ferrière, 1749 : 7 vol. in-4, rel.

158. Dictionnaire Universel de Justice, par Chasles, 1725 : 3 vol. in-f°. — Journal du Palais, 1701 : 2 vol. in-f°. — Jurisprudence Universelle des Parlements, par Barillon, 1711 : 3 vol. in-f°.

159. Coutume de Normandie, par Flaust, 1781 : 2 vol. in-f°. — Lois Civiles 'de Domat. Paris ; Desaint, 1777 : 1 vol. in-f° (la meilleure édition), rel.

160. Codicis Justiniani D. N. sacratissimi principis, repetitæ prœlectionis libri 12 ; postr. edit. , coloniæ Allobrog. — Corpus Juris Civilis quo Jus universum Justinianum comprehenditur ; coloniæ Allobrog. ; J. Stoer, 1624 : 2 vol. in-f°, rel.

161. Recueil d'Edits et Ordonnances royaux, depuis Philippe VI jusqu'à Louis XV. Paris ; Montalant, 1720 : 2 vol. in-f°.

162. Traité de la Police, et histoire de son établissement et des fonctions de ses magistrats, avec une description topographique de Paris, et huit plans représentant ses divers accroissements. Paris ; P. Cot, 1710 : 2 vol. in-f°, dor. s. tr.

163. Collection des Décrets de la Constituante. Dijon ; Causse, 1792 : 7 vol. in-4, rel.

164. Recueil des Edits, Déclarations du roi, registrés aux Conseils de Rouen et Bayeux, de 1643 à 1774. Rouen ; Oursel, 1787 : 10 vol. in-4, rel.

165. Recherche de la Vérité, par Malbranche. Paris ; Pralard, 1678. — Recueil des Arrêtés de M. Delamoignon, Merlin ; 1777. — Le Sacramentaire des Pasteurs, par Joliot, 1710.

— Maximes tirées de différents auteurs (manuscrit) : 4 vol. in-4, rel.

166. Collection générale des Décrets et Arrêts ; Rondonneau, 1816 : 33 vol. in-8.

167. Pandectes de Justinien, traduction de Hulot, texte en regard. Paris ; Rondonneau, 1803 : 7 vol. in-4, rel.

168. Les Novelles de Justinien, traduction de Bérenger. Metz ; Lamort, 1811 : 2 vol. in-4. (Texte en regard.)

169. Code et Novelles de Justinien ; Novelles de Leon ; Fragments de Gains, d'Ulpien et de Paul, texte en regard, et table alphabétique, par Tissot. Paris ; Rondonneau, 1806 : 4 vol. in-4, rel.

170. Les Institutes de Justinien, trad. de Hulot. Paris ; Rondonneau, 1806. — Le Trésor de la Jurisprudence Romaine, trad. de Daubenton. Metz ; Lamort, 1811 : 2 vol. in-4, rel. (Texte en regard.)

171. Traité de Procédure Civile, 1806 : 3 vol. in-8. — Des Désordres dans la Justice, par Selves, 1812 : in-8. — Code civil, avec les motifs, 1804 : 3 vol. in-8. — Additions aux cinq Codes, 1812 : 2 vol in-8.

172. Code Napoléon, avec l'exposé des motifs, les rapports au Tribunat, les discours au Corps législatif ; Didot, 1810 : 10 vol. in-12.

173. Procédure Civile, par Pigeau. Paris ; Mame, 1808 : 2 vol. in-4. — Nouveau Traité de Procédure Civile ; Hacquart, 1808 : 1 vol. in-4, rel.

174. Corps de Droit français, par Rondonneau, 1810 : 1 vol. in-4. — Questions Transitoires, par Chabot, 1809 : 2 vol. in-4, rel.

175. Institutes du Droit Civil français, par Delvincourt, 1810 : 3 vol. in-8. — Juris Elementa, secundum ordin. instit. Justiani ; Delvincourt, 1814 : 1 vol. in-8, cart.

176. Journal général de Cassation, de 1806 à 1822 : 18 vol. in-4, rel. — La suite, pour les années 1823-24-25, en 36 livraisons, et 2 vol. supplémentaires, par Dalloz.

177. Pandectes de Justinien, trad. de G. D. F., 1805 : 7 vol. in-8. — Pandectes françaises (Code civil). Paris, 1803 : 15 vol. in-8.

178. Coutume de Normandie, expliquée par Pesnelle, 1771 : 2 vol. in-4, rel.

179. Traité des donations, par Grenier, 3ᵉ édition. Clermont, 1826 : 2 vol. in-4.

180. Questions sur les priviléges. — Le régime hypothécaire, par M. Persil, 1820 : 4 vol. in-8. — Questions transitoires sur le code civil, par Chabot. Dijon ; Lagier, 1829 : 3 vol. in-8. — Dictionnaire analytique des arrêts de la cour de cassation, rendus depuis son origine, par Teste Lebeau, 1833, in-8.

181. Code Napoléon, conforme à l'édition originale de l'imprimerie royale, avec des doubles marges. Paris, 1807 : in-8., rel. — Codes de commerce et de procédure civile expliqués, par Rogron, 1827 : 2 vol. in-18.

182. La procédure civile des tribunaux de France, par Pigeau, 5ᵉ édition. Paris, 1829 : 2 vol. in-4.

183. Nouveau traité des donations. — Traité du contrat de mariage, par l'auteur du style des notaires, 1804 : 4 vol. in-8. — Traité de l'adultère et des enfants adultérins, par A. Bedel, 1826 : in-8. — Philosophie du notariat, par Cellier, 1832 : in-8. — Manuel des frais de justice en matière criminelle et autres, par Dufresneau, 1823 : in-8.

184. Codes annotés, par J.-B. Sirey et Devilleneuve. Paris, 1833, grand in-4.

185. Manuel du droit français, par J.-B.-J. Paillet, 8ᵉ édit.; v. Desoer, 1832, grand in-4.

186. Corpus juris canonici, à Petro Pithæo. Parisiis, 1687 : 2 vol. in-f°, très-belle édition.

187. Recueil de jurisprudence canonique, par Rousseau Delacombe. Paris, 1755 : 1 vol. in-f°. — Abrégé du recueil des actes, titres et mémoires concernant le clergé de France. Paris, 1752 : 1 vol. in-f°. — Lois ecclésiastiques de France, par Déricourt. Paris, 1763 : 1 vol. in-f°.

188. Dictionnaire du droit canonique, par Durand de Maillane. Paris, 1761 : 2 vol. in-4. — La jurisprudence ecclésiastique, par un docteur en Sorbonne. Paris, 1769 : 2 vol. in-4.

189. Les libertés de l'église gallicane, par Durand de Maillane. Lyon, 1771 : 5 vol. in-4, rel.

190. Traité des testaments, par Desquiron. Paris, 1810 : 2 vol

in-4. — Traité des testaments, par Furgolle : 4 vol. in-4.
— Traité des donations; par le même. Paris, 1761 : 2 vol.
in-4. — Commentaire de l'ordonnance de Louis XV sur les
substitutions, par le même. Paris, 1767 : 1 vol. in-4.

191. Traité des matières criminelles, par Rousseau Delacombe.
Paris, 1757 : 1 vol. in-4. — Traité de la justice criminelle,
par Jousse. Paris, 1771 : 4 vol. in-4. — Code criminel,
par Serpillon. Lyon, 1767 : 2 vol. in-4. — Code du faux,
par le même. Lyon, 1774 : 1 vol. in-4, rel.

192. OEuvres de Despeisses, avocat. Lyon, 1677 : 4 vol. in-f°.—
OEuvres de Denis Lebrun, avocat au parlement. Paris, 1714 :
2 vol. in-f°. — OEuvres de J. Bacquet. Paris, 1688 : 1 vol.
in-f°, rel.

193. Lois civiles de Domat. Paris, 1777 : 1 vol. in-f° (la meilleure édition).

194. Conférences de l'ordonnance de Louis XIV sur les eaux et
forêts, par Simon et Segaut. Paris, 1752 : 2 vol. in-4. —
Procès-verbal des ordonnances de Louis XIV. Paris, 1776 :
1 vol. in-4.

195. Conférences des ordonnances de Louis XIV, par M***.
Paris, 1755 : 2 vol. in-4. — Questions sur l'ordonnance de
Louis XIV du mois d'avril 1668, par Rodier. Toulouse,
1770 : 1 vol. in-4. — Mémorial alphabétique des eaux et
forêts. Paris, 1737 : 1 vol. in-4.

196. Le journal des audiences du parlement, par Dufresne. Paris,
1754 : 7 vol. in-f°.

197. Arrêts de Augeard. Paris, 1756 : 2 vol. in-f°, rel.

198. Commentaires du droit civil, tant public que privé, ob-
servés au pays et duché de Normandie, par G. Terrien.
Paris, 1584 : 1 vol. in-f°, rare.— Commentaire sur la coutume de Normandie, par Bérault. Paris, 1776 : 2 vol. in-f°.

199. Nouveau coutumier général, par Ch. Bourdon de Riche-
bourg. Paris, 1724 : 4 vol. in-f°.

200. OEvres de Basnage, 4e édition ; 1778 : 2 vol. in-f°.

201. Mémoires concernant la qualité des statuts, par L. Froland.
Paris, 1729 : 2 vol. in-4. — Dissertation sur les coutumes,
par L. Boullenois. Paris, 1732 : 1 vol. in-4. — Traité du
douaire et de la garde noble bourgeoise, par Philippe de
Renusson. Paris, 1743 : 1 vol. in-4. — Traité des fiefs,
par Claude Pocquet, 5e édition. Paris, 1771 : 1 vol. in-4.

— Traité historique et pratique des droits seigneuriaux, par Renauldon. Paris, 1765 : 1 vol. in-4.

202. Mémoires concernant le droit de tiers et danger sur les bois de la province de Normandie, par L. Gréard. Rouen, 1757 : 1 vol. in-4. — Principes du droit civil et coutumier de Normandie, par Routier. Rouen, 1742 : 1 vol. in-4.

203. Répertoire universel de jurisprudence. Paris, 1784 : 17 vol. in-4.

204. Dictionnaire de droit, par Ferrière. Paris, 1755 : 2 vol. in-4. — Jurisprudence du parlement de Bordeaux, par De Salviac. Paris, 1787 : 1 vol. in-4.

205. OEuvres de Daguesseau. Paris, 1759 : 13 vol. in-4.

206. Traité de l'administration de la justice, par Jousse. Paris, 1771 : 2 vol. in-4. — Traité sur le mariage, sans nom d'auteur et d'imprimeur, 1753 : 1 vol. in-4. — Traité de la vente des immeubles par decret, par Déricourt. Paris, 1739 : 2 tomes en 1 vol. in-4.

207. Théorie de l'impôt; 1760 : 1 vol. in-4. — Code des prises. Paris, imprimerie royale, 1784 : 2 vol. in-4. — Banque rendue facile, par Girodeau. Lyon, an VII : 1 vol. in-4. — Dictionnaire de la voirie, par Perrot. Paris, 1782 : 1 vol. in-4.

208. OEuvres diverses de Patru. Paris, 1732 : 2 vol. in-4.

209. Bibliothèque des jeunes négociants, par Larue, 1758 : 2 vol. in-4. — La science des négociants, par Boucher. Paris, 1803 : 2 vol. in-4. — Traité général du commerce, par Ricard. Paris, an VII : 3 vol. in-4. — Dictionnaire italien et français : 2 tomes en 1 vol. in-4.

210. Le banquier et négociant universel, par De Bleville. Paris, 1767 : 2 vol. in-4. — Le parfait négociant, par Savary, 1757 : 2 vol. in-4. — Théorie pratique du commerce, par l'espagnol Ustaris. Paris, 1753 : 1 vol. in-4. — Pratique des changes, par Irson. Paris, 1687 : 1 vol. in-4. — Nouvelle méthode suisse pour la tenue des livres en partie double : 1 vol. in-4.

211. Discours sur le projet d'accorder l'état civil aux protestants, 1787, ouvrage attribué à l'abbé Lenfant : 1 vol. in-8. — Mémoires secrets de lord Bolimbrocke : 1 vol. in-8. — Testament politique de Colbert. La Haye, 1694 : 1 vol. in-12. — Esprit de la législation. Londres, 1768 : 1 vol. in-12.

212. Avertissement sur l'édit de Henri III, par Duret. Lyon, 1582 : 1 vol. in-12. — Institution au droit ecclésiastique, par Fleury. Paris, 1771 : 2 vol. in-12. — Institutes coutumières, par Loysel. Paris, 1783 : 1 vol. in-12. — Code des chasses : 2 vol. in-12. — Théorie des lois civiles. Londres, 1767 : 2 vol. in-12. — Code de la voirie. Paris, 1735 : 2 vol. in-12. — De l'administration provinciale, par Letronne. Bâle, 1788 : 2 vol. in-8.

213. Recueil d'édits et ordonnances royaux. Paris, 1720 : 2 vol. in-f°. — Recueil de questions notables de droit et coutume, par Soefve ; Paris, 1682 : 1 vol. in-f°. — Recueil d'aucuns notables arrêts du parlement de Paris, par Lovet. Paris, 1655 : 1 vol. in-f°.

214. Arrêts du parlement de Paris, par Bardet. Avignon, 1773 : 2 tomes en 1 vol. in-f°. — Le droit commun de la France et la coutume de Paris, par Bourjon. Paris, 1770 : 2 vol. in-f°.

215. Corps et compilations de tous les commentateurs anciens et modernes sur la coutume de Paris, Cl. Ferrière, 2e édition. Paris, 1714 : 4 vol. in-f°.

216. Dictionnaire des arrêts, par J. Brillon. Paris, 1727 : 6 vol. in-f°.

217. Journal du Palais, par Blondeau et Gueret. Paris, 1755 : 2 vol. in-f°. — Traité des successions, par Denis Lebrun, 5e édition. Paris, 1743 : 1 vol. in-f°. — Traité de l'abus, par Ch. Fevret ; Lausanne, 1778 : 2 tomes en 1 vol. in-f°. — Commerce de la Grande-Bretagne, par Whitworth. Paris, 1777 : 1 vol. in-f°.

218. Traité de la preuve par témoins, par Danty, 5e édition. Paris, 1752 : 1 vol. in-4. — L'esprit des ordonnances de Louis XIV, par M. Sallé. Paris, 1758 : 2 vol. in-4. — Commentaire sur l'ordonnance de 1667, par Serpillon. 1776 ; 1 v. in-4.

219. Code de Henry IV, par Thomas Cormier. Genève, 1613 : 1 vol. in-4.

220. Collection générale des lois, par Rondonneau, an 1er — à 1809 : 19 vol. in-4.

221. Observations des tribunaux sur le projet du code civil. Paris, an x : 1 vol. in-4. — Compte rendu au roi, par

Necker. Paris, 1781 : 1 vol. in-4. — Banque municipale,
par Depelissery. Paris, 1792 : 1 vol. in-4.

222. Histoire du Droit public ecclésiastique français. Londres,
1740 : 2 vol. 12. — Des Offices ecclésiastiques. Paris,
1677 : 1 vol. in-18. — De la Religion du serment. Paris,
1682 : 1 vol. in-18.—Manuel ecclésiastique de Discipline
et de Droit, par Garreau : 1 vol. in-12. —Lettres du cardinal d'Ossat : 5 vol. in-12.

223. Loi de la Nature, par Cumberland, trad. de Barbeyrac.
Leyde, 1757 : 1 vol. in-4. — Le Droit de la guerre et de
la paix, par Grotius, trad. de Barbeyrac. Rotterdam, 1729 :
2 vol. in-4. — Le Droit des Gens, par De Vattel. Neuf-
châtel, 1773 : 2 t. en 1 vol. ; in-4.

224. Le Droit de la Nature et des Gens, par Puffendorff, trad.
de Barbeyrac. Basle, 1750 : 2 vol. in-4. — Principes du
Droit de la Nature et des Gens, extrait de Wolff, par For-
mey. Amsterdam, 1758 : 1 vol. in-4.

225. Vie du pape Sixte-Quint, par Gregorio. Paris, 1758 :
1 vol. in-4. — Histoire du schisme des Grecs, par
L. Maimbourg, de la Société de Jésus. Paris, 1667 : 1 vol.
in-4. — Histoire du Concile de Trente, par Paolo Sarpi.
Amsterdam, 1751 : 3 vol. in-4.

226. OEuvres d'Estienne Pasquier. Amsterdam, 1723 : 2 vol.
in-fol.

227. Mémoires pour servir à l'Histoire du Droit public de la
France. Bruxelles, 1789 : 1 vol. in-4. — La Jurispru-
dence de Guy Pape. Grenoble, 1769 : 1 vol. in-4. —
Recherches et Considérations sur les finances de France.
Basle, 1758 : 2 vol. in-4.

228. Dictionnaire de marine, avec gravures. Paris; 1747 :
1 vol. in-4. —Voyage autour du monde, de 1766 à 1769.
Paris, 1771 : 1 vol. in-4.

229. Histoire de France sous Louis XIV, par Delarrey. Rotterdam, 1734 : 3 vol. in-4.

230. Mémoires de l'Académie des sciences, de 1750 à 1786 :
11 vol. in-4.

231. De l'Esprit. Paris, 1758 : 1 vol. in-4. — Histoire de
l'empire Ottoman, par Démétrius, cantimir, traduct. de Jon-
quières. Paris, 1743 : 2 tom. en 1 vol. in-4.

232. Le Secret des finances de France, par Froumenteau, 1581 :
3 tom. en 1 vol. in-12, contenant le détail des impôts
perçus sous Louis XII. — Le Sens commun et les Droits de
l'homme, par Thomas Payne. Paris, 1791 : 1 vol. in-8.
— Discours politiques de David Hume. Amsterdam, 1754 :
2 vol. in-8. — Le Ministère du négociateur. Amsterdam,
1763 : 1 vol. in-12. — Procès du chancelier Poyet. Londres, 1676 : 1 vol. in-8. — De la Législation et du commerce des grains, 1785 : 1 vol. in-8. — Parfaite intel-
ligence du commerce. Paris, 1785 : 2 vol. in-8.

233. Histoire naturelle de deux Eléphants du Muséum de Paris,
par J. Houël. Paris, 1803 : 1 vol. in-4., rel., orné de 20
gravures.

234. Voyage pittoresque des îles de Sicile, Malte et Lipari, par
J. Houël, peintre du roi Louis XVI. Paris, 1782-87, imprimerie royale : 4 vol. très-grand in-f°., relié en carton,
263 planches.

GRAVURES.

1. Batailles d'Alexandre, d'après Lebrun.
2. La chute des Réprouvés, d'après Rubens.

Tableaux de Jean Houël, peintre du Roi Louis XVI et auteur du voyage en Sicile, décédé en 1813.

3. Deux Gouaches, représentant, aux environs de Rouen
(la Bouille), l'effet du flux et reflux de la mer sur la Seine.

4. Une Gouache représentant l'intérieur d'un parc. — Une
autre, des ruines de Sicile.

5. Un Croquis, d'après nature, représentant J.-J. Rousseau,
dans son intérieur *intime*, à Montmorency, en 1764, avec
une note de la main du peintre sur la circonstance de sa vi-
site à l'auteur d'*Emile*.

Extrait d'une notice lue en 1814, à la Société d'Émulation de Rouen :

« Jean-Jacques était dans son hermitage à Montmorency ; il avait invité
» Houël à dîner. Le peintre y fût reçu sans étiquette. Le repas fini, le phi-
» losophe s'assoupit auprès de sa cheminée, ayant son chat sur ses genoux.
» Houël atteint son crayon ; le Génevois, qui n'aimait pas à être surpris,
» sort de son assoupissement, voit le peintre en position ; il en sourit.
» Cette anecdote fait le sujet du croquis. »

6. Un croquis de Voltaire, dessiné d'après nature, à Fernay, en 1769.

7. Vue du Mont Etna, tableau d'après nature, peint sur toile; hauteur 24 pouces, largeur 36 pouces.

8. Vue du village de Longpaon près Rouen, tableau orné de figures et d'animaux; hauteur 24 pouces, largeur 36 pouces, t.

9. Deux vues des bords de la Seine, aux environs de Rouen. Dans l'une, un rustre et sa femme font danser un enfant. Sur le devant de la seconde, une jeune fille garde des moutons ; hauteur 36 pouces, largeur 36 pouces, t.

10. Point de vue d'une vaste campagne : un bois où un pâtre et une jeune fille conduisent des animaux ; hauteur 39 pouces 6 lignes, largeur 60 pouces, t.

11. Vue d'une autre campagne : à droite, des hommes font abreuver des animaux à une fontaine ; du côté opposé des blanchisseuses lavent au bord d'une rivière; hauteur 36 pouces largeur 48 pouces, t.

12. Le buveur flamand, attribué à Ténières, tableau peint sur bois ; hauteur 6 pouces et 6 lignes, largeur 5 pouces 6 lignes environ.

13. La querelle, au jeu, des buveurs, tableau de maître, école flamande ; hauteur 9 pouces 6 lignes, largeur 7 pouces.

14. Deux vues de Saxe, tableaux enrichis de figures et d'animaux ; hauteur 7 pouces, largeur 11 pouces, attribués à J.-G. Wagner.